Dans la vie, on passe tous par des situations difficiles et des moments où le doute ronge notre esprit. Alors on plonge et on cogite oubliant que le croyant détient une force qu'Allah lui a donné, et qui lui permet de réagir avec Sagesse dans toute situation et à chaque étape de sa vie.

Dans les lettres qui suivent, on t'adresse un message qu'on ne cesse de répéter à notre propre personne : on peut surmonter tout obstacle et on peut réagir face à n'importe quelle épreuve. Notre Créateur nous protège et nous éprouve, et quand on patiente Il élève notre rang, alors à quoi bon se laisser faire et pourquoi devrait-on céder à chaque fois que la vie nous rappelle son caractère imparfait ?

Ce n'est peut-être qu'un simple écrit, mais à travers lui tu trouveras un appel de cœur t'invitant à rayonner et être la meilleure personne possible, quelque soit la situation que tu vis ou la période que tu traverses.

{Allah n'agrée ni le chagrin ni le désespoir pour toi, et Son Pardon est bien ouvert...}

Sa Miséricorde embrasse toute chose et Son Pardon ne cesse de couvrir nos erreurs, Il n'agrée ni le chagrin ni le désespoir et Il aime te voir confiant et fort quelque soit la situation et peu importe les paramètres qui t'entourent.

Tu as certainement dû lire dans le Coran ce verset particulier où Allah parle à Maryam alayha salam, quand elle était dans une situation de chagrin, en lui disant {Mange donc et bois et que ton œil se réjouisse!} 19:26, et c'est ainsi que l'on te parle en te disant la même chose : profite de ce qu'Allah te donne comme bienfaits et que ton œil s'en réjouisse, ne laisse pas le moindre chagrin submerger ton quotidien car il n'apporte aucune solution et affaiblit ton esprit petit à petit, rappelle-toi qu'Allah voit, éprouve, console et soulage tôt ou tard et profite de ta propre personne en lui donnant ce qu'elle mérite comme Miséricorde.

On a souvent cette tendance d'être excessivement durs envers nous-même alors qu'Allah ne cesse de dire {Ô fils de Adam! Si tes péchés atteignent le niveau des cieux puis tu me demandes pardon je te pardonne et n'en tiens pas compte[1]}. As-tu bien médité dans les termes «n'en tiens pas compte» ? As-tu mesuré à quel point le Pardon d'Allah est immense et qu'Il ne regarde point ton passé, à partir du moment où ta demande de Pardon est sincère et complète ? As-tu saisi la raison pour laquelle nous ne cessons de t'avertir : ne sois pas «ton propre plus grand obstacle» en t'interdisant une Miséricorde qu'Allah met à ta disposition. Nous sommes tous exposés à l'erreur et au péché, nous sommes des personnes qui trébuchent, tombent et s'oublient parfois, mais les meilleurs d'entre-nous sont ceux qui se rappellent qu'ils ont commis l'excès alors ils se remettent en question, regrettent, et font le bien en s'engageant sur un chemin plus ferme, plus sûr et plus apaisant : le chemin des repentants dont Allah a dit

{Allah aime ceux qui se repentent} 2:222.

{Ce que tu portes seul au fond de toi, confie-Le à Allah et attends-toi à une merveilleuse réponse tôt ou tard}

Et Allah sait combien de fois tu as dû supporter cette charge, Il sait combien de luttes intérieures tu as dû mener et combien de paroles tu as dû endurer et repousser, Il a vu combien de situations tu as dû surmonter, parfois seul et parfois mal accompagné, et Il sait pertinemment combien d'injustices tu as dû vivre... Allah sait tout ce que tu portes au fond de toi et que tu couvres par des sourires quotidiens, faisant croire aux autres que tout va bien et que rien ne semble t'atteindre.

Nous ne sommes pas là pour te dire de continuer de te surcharger de ces émotions et de ce fardeau bien lourd, mais plutôt pour te dire qu'on admire ta résistance et qu'on te recommande de tout confier à Ton Créateur, Lui décrivant ta faiblesse et faisant Eloge à Sa Puissance et Son secours.

As-tu déjà essayé de te réveiller au moment du dernier tiers de la nuit, seul dans l'obscurité et au milieu de toutes ces âmes qui se reposent, et de faire tes ablutions, puis de prier quelques unités dans cette obscurité ? as-tu goûté à cette lumière et cet immense honneur décrit par le Prophète (que la prière d'Allah et Son salut soient sur lui dans ce hadith {L'honneur du croyant réside dans le fait de prier la nuit[2]}, il s'agit d'un moment où tu vis une magnifique conversation secrète, calme, à l'abri de toute ostentation, et où tu t'adresses à Allah faisant Son Eloge et Lui confiant tout ton intérieur qu'Il connaît mais qu'Il aime entendre de ta part.

Le jour où tu auras vécu ce moment, tu te rappelleras qu'à cet instant précis de la nuit, tu t'es adressé à Celui qui possède les cœurs et les trésors et tu Lui as confié tes plus sincères invocations, et tu te rappelleras qu'Il t'a réveillé et t'a permis de vivre ce moment privé et très sincère.

Quelque soit la manière et le moment, Celui qui confie à Allah Ses plus profonds secrets et Lui adresse Sa pleine confiance, Allah lui répond d'une merveilleuse réponse, tôt ou tard.

{Allah alterne les jours alors ne doute pas que tu auras ta part des bons jours et des belles matinées!}

Allah dit dans le Coran : {Ceux qui sont dans les cieux et la terre L'implorent. Chaque jour, Il accomplit une œuvre nouvelle.} 55:29, et c'est bien dans ces paroles que réside la beauté de Sa Sagesse, Gloire à Lui.

Chaque jour des voix s'élèvent en chuchotant et des cœurs se confient en pleurant, entre souhaits et plaintes, invocations et reconnaissances, certains réclament la sérénité et implorent Son Amour et d'autres n'ont d'autre secours que le Sien, et c'est bien Lui qui exauce, gère, répond et soulage toutes ces âmes. Et tu fais bien partie de toutes ces personnes : tu as sans doute été écouté et ta voix a résonné un moment dans les Cieux avec ton invocation, et Ton Créateur ne t'a ni oublié ni abandonné, il s'agit seulement de Sa volonté de t'émerveiller au moment adéquat et te donner ta part des bons jours et des belles matinées au moment le plus opportun.

Car oui, Allah ne choisit pas forcément la réponse la plus rapide mais plutôt le moment le plus opportun, Il voit ce que tu ne vois pas et sait ce que tu ne sais pas. Combien de personnes avaient cru que leurs choix étaient les meilleurs et qu'ils seraient très heureux s'ils venaient à les avoir, puis peu de temps après, ils se sont rendus compte qu'Allah leur a fait don d'une réelle sérénité et leur a évité une destruction inévitable.

Ne doute jamais de Sa sagesse, ne doute jamais de tes invocations et ne te dis pas «J'ai invoqué, mais on ne m'a pas exaucé» car le Prophète (que la prière d'Allah et Son salut soient sur lui a dit :

{L'un d'entre vous ne cesse d'être exaucé tant qu'il ne s'impatiente pas en disant : « J'ai invoqué mon Seigneur, mais Il ne m'a pas exaucé ! [3]».

Et n'oublie pas ce qu'Allah dit dans son verset {Chaque jour, Il accomplit une œuvre nouvelle} 55:29, alors reste attentif à ce que ce jour soit peut-être ton lendemain!

{Est-ce la subsistance qui t’inquiète ?}

à quoi bon avoir toutes les richesses du monde si au fond de toi, tu n'as pas cette quiétude, cette sérénité et cette satisfaction de ce qu'Allah te donne ? à quoi servirait un si beau temps si au fond de toi tu le vis avec les peurs de l'avenir, les regrets du passé et toutes les angoisses du présent. Cette charge qui ne cesse de t'alourdir et t'affaiblir chaque jour. Quand tu vis le cœur serein avec une âme profondément habituée à reconnaître les bienfaits d'Allah et endurer Ses épreuves, alors sache que tu réunis en toi la beauté du monde entier.

Tu dois être satisfait et bien heureux et tu dois vivre pleinement ton heure et la beauté de ton moment présent. Tu dois être à l'image de ce croyant dont la destinée est bien étonnante comme l'a décrit le Messager d'Allah (que la prière d'Allah et Son salut soient sur lui) quand il a dit : « Le croyant a une destinée étonnante ! Tout ce qui lui advient est bénéfique, et cela n'est réservé qu'à lui seul ! En effet, s'il est l'objet d'un événement heureux, il remercie Allah et c'est là pour lui une bonne chose et s'il est victime d'un malheur, il l'endure avec patience et c'est là encore pour lui une bonne chose [4]».

Qui d'entre-nous n'a jamais eu le cœur serré et le poids de la terre entière sur le dos ? Personne. Mais ceux qui réussiront à s'en sortir sont ceux qui regarderont toujours le ciel en se disant : si ce ciel est si vaste et peut accueillir tant de monde, alors qu'en est-il de cette Miséricorde d'Allah ? Celle qui ne cesse de nous rappeler Ses bienfaits sur nous jour après jour. Il a créé cette terre entière pour que tes yeux puissent s'en réjouir {C'est Lui qui a créé pour vous tout ce qui est sur la terre...} 2:29, Lui qui détient toutes les clés de l'inconnaissable et qui te tend le chemin du Paradis. Il t'a nourri à l'heure où tu n'avais pas l'once d'une force et Il t'a protégé de tant de maux sans même que tu ne puisses ni les voir ni les anticiper.

Jette donc tes angoisses dans cet océan de bonne opinion d'Allah, et chuchote au sol tes souhaits les profonds, ils sont certes entendus dans les Cieux...

Tu ne rendras l'âme à Ton Créateur sans avoir eu toute ta subsistance, et tu ne pourras y échapper même si tu venais à la fuir comme disait le Prophète (que la prière d'Allah et Son salut soient sur lui) {Certes si le fils d'Adam fuyait sa subsistance comme il fuit la mort, sa subsistance le rattraperait comme la mort le rattrape[5]}. alors si c'est ce qui t'inquiète, te voilà informée de ce qui te reste à faire : tu n'as plus qu'à faire l'effort et à pratiquer les causes pour atteindre tes souhaits. Fais-le sans relâche, le cœur ouvert et confiant, l'âme satisfaite et consciente qu'Allah finira par remplir Sa Promesse dans le Coran : {Il n'y a point de bête sur terre dont la subsistance n'incombe à Allah qui connaît son gîte et son dépôt; tout est dans un Livre explicite} 11:6.

C'est ta subsistance qui te prend tant de temps et d'angoisse ? As-tu donc oublié qui a pour mission de te promettre la pauvreté, t'anéantir et te tirer vers le chagrin perpétuel ? As-tu oublié qui ne cesse de t'insuffler que tu ne mérites ni subsistance ni bienfait, et que rien ne sert de persister à garder l'espoir ? Tu ne dois ni l'oublier ni perdre en vue qu'il ne cessera de le faire, jusqu'à ton dernier souffle: {Le Diable vous fait craindre l'indigence et vous commande des actions honteuses; tandis qu'Allah vous promet pardon et faveur venant de Lui. La grâce d'Allah est immense et Il est Omniscient} 2:268.

Est-ce la pression de cette société qui bouscule ta certitude, ou alors ses paramètres qui ne cessent de l'affaiblir ? Penses-tu que la volonté des uns est plus grande que celle de Ton Créateur ? Ou penses-tu que le moindre petit grain de subsistance soit sous le contrôle d'un être humain ? N'as-tu pas vu les merveilles d'Allah dans le Coran, quand Il dit : {Et il y a dans le ciel votre subsistance et ce qui vous a été promis, Par le Seigneur du ciel et de la terre! Ceci est tout aussi vrai que le fait que vous parliez.} 51:22, as-tu ressenti la Puissance d'Allah dans ces mots ? Ce sont des paroles par lesquelles l'âme s'apaise et dont l'esprit ne peut que se réjouir : tout ce que tu demandes, c'est Allah qui le donne et c'est Allah qui peut l'enlever !

Tu vis une foi qui te donne toutes les solutions, et t'offre les meilleurs chemins et te guide vers les meilleures issues.

Et si tu cherches l'une de ces solutions, Allah nous en a donné une première qui n'est d'autre que l'Istighfar, qui signifie le fait de Lui demander pardon. Et on t'invite à méditer sur la beauté de Ses paroles et sur l'étendue de Sa Générosité : {J'ai donc dit: «Implorez le pardon de votre Seigneur, car Il est grand Pardonneur, pour qu'Il vous envoie du ciel, des pluies abondantes, et qu'Il vous accorde beaucoup de biens et d'enfants, et vous donne des jardins et vous donne des rivières.} 71:10, des pluies abondantes, beaucoup de biens, d'enfants et des jardins sans compter les merveilleuses rivières de l'au-delà. Quelle Générosité d'Allah ! il y a certes des versets comme ceux-ci qui émerveillent les cœurs et leur annoncent la bonne nouvelle : si tu te tiens régulièrement et sincèrement à la demande de Pardon, alors tu trouveras une guérison à tes angoisses les plus profondes, et des bienfaits innombrables ici et dans l'au-delà.

Peu importe qui tu es, on s'adresse à ton cœur et on vise ta conscience la plus intime : ta personne ne méritera jamais de baisser les bras devant une longue attente car beaucoup d'entre-elles ont fini par émerveiller les uns et les autres, et si tu cherches ou tu aspires à une quelconque subsistance alors garde la plus grande détermination en faisant les causes et en les conciliant avec des adorations sincères et régulières. Et pratique le plus grand espoir en te souvenant de Ses signes et de Sa Miséricorde, puis marche comme un roi ou une reine, les pas sûrs et le cœur dans les Cieux, comme si le monde était entre tes mains et que tu possédais l'arme qui pouvait tout te faire parvenir. Et tu sais quelle est la bonne nouvelle ? Cette arme tu la détiens ! Elle s'appelle l'invocation. Celui qui s'adresse à Allah par l'invocation, ne cesse de toquer à Ses portes et ne se lasse d'espérer Ses réponses, finit par trouver les portes de Sa subsistance bien ouvertes et par se rendre compte qu'Allah ne l'a jamais abandonné et ne l'a jamais oublié. Il s'agissait seulement d'attribuer les bonnes subsistances aux bonnes personnes et aux bons moments.

C'est ainsi donc que tu dois être, à l'image de cet homme qui est parti assister à la prière de l'Istisqâ (prière pour demander la pluie), avec un parapluie ! Confiant en Allah et certain qu'Allah l'écoutera et l'exaucera.

{Ne laisse aucun sentiment négatif te submerger, tu es beaucoup plus fort que ce que tu penses}

Quand la mauvaise nouvelle tombe, ou lorsque nos souhaits tardent, on réagit avec émotion et on glisse tout doucement vers une déception persistante, car oui on aurait aimé vivre une situation plus favorable. Quelque part, on se laisse submerger par les insufflations discrètes du sheytane, ces faux dires dans nos esprits qui donnent l'illusion qu'on n'y arrivera pas et que de toute façon on n'a rien fait pour le mériter.

Mais nous, on a quelque chose de bien précis à te dire : quelque soit la situation par laquelle tu passes et quelque soit la nouvelle que tu viens d'apprendre, ne laisse aucun vide s'installer, ne laisse aucun espace d'angoisse au sheytane et ne laisse pas le grain de doute envahir ton intérieur. Fais en sorte que ton premier réflexe soit la prosternation. Et occupe-toi par la bonne opinion d'Allah car rien ne lui échappe et rien ne se passe dans ta vie sans qu'Il ne le sache. Tu as dans le Coran d'innombrables histoires où Allah a finit par apporter les plus merveilleuses des réponses aux plus difficiles des situations. Sois donc à la hauteur de l'épreuve qu'Allah t'attribue et puise ta force dans ta superbe foi.

Car oui, le Prophète (que la prière d'Allah et Son salut soient sur lui) nous a montré le chemin à suivre dans un hadith merveilleux, décrivant à chacun le comportement à adopter: {Le croyant fort est meilleur et plus aimé d'Allah que le croyant faible, et en chacun d'eux il y a du bien. Veille à ce qui t'est utile, sollicite l'aide d'Allah et ne capitule pas ! S'il t'arrive quelque chose, ne dis pas : « Si seulement j'avais agi de telle manière, il y aurait eu ceci et cela ! « Dis plutôt : « Ceci est le décret d'Allah et Il fait ce qu'Il veut ! «, car « si » ouvre la porte à l'œuvre au diable.[6]}. Ce hadith est la raison pour laquelle on t'a toujours dit «tu es bien plus fort que tu ne le penses». En t'occupant dans des tâches utiles et agréables tu combleras le vide en toi, et en sollicitant l'aide d'Allah à chaque moment tu sauras te rapprocher de la solution même quand tes problèmes paraîtront insurmontables.

{Un jour tout cela ne sera qu'un souvenir et on se réjouira inshaAllah d'un repos éternel et d'une sérénité sans fin}

Accorde-nous un moment de rappel et de voyage dans ce qu'Allah a décrit de Ses Jardins et a promis de Ses récompenses : cette demeure que tu ne sauras ni percevoir ni imaginer. Il s'agit d'une demeure qui nous fera oublier le moindre chagrin enduré ici-bas et qui nous donnera cet agréable goût de l'éternel, nous rappelant à quel point cette vie ne fut en vérité qu'un brève moment de patience.

On a tous cette crainte d'être présenté devant Allah mais on a aussi cette impatience de Le rencontrer et vivre à jamais dans Sa satisfaction, et il n'y a de meilleure place que celle dans Ses Jardins ni de meilleur sentiment que celui de se reposer dans Ses palais. Laisse donc les détails qui t'entourent et imagine-toi parmi cette foule, guidée par la meilleure des créatures, le Prophète (que la prière d'Allah et Son salut soient sur lui). Tous attendant devant la porte du Paradis jusqu'au moment où le Prophète (que la prière d'Allah et Son salut soient sur lui) toque, et on lui ouvre, puis s'ouvre ainsi la porte du Paradis à ces innombrables personnes dont toi insha'Allah. Et il te suffira d'y mettre un pied pour que l'éternité commence et pour que le véritable repos t'envahisse. C'est à cet endroit et après ce moment que les bien-aimés qui y entrent se retrouvent, comme a dit notre Prophète (que la prière d'Allah et Son salut soient sur lui) : {L'homme sera au Paradis avec ceux qu'il aura aimé [7]} et tu te rappelleras ainsi de la Générosité d'Allah et de tous ces moments de craintes, de résistances et de repentirs sincères à chaque fois que tu tombais. Puis tu en discuteras avec tous ceux que tu auras retrouvé, comme dit Allah aza wajal dans le Coran : {Puis les uns se tourneront vers les autres s'interrogeant mutuellement.} 37:50, Ibn Kathir (rahimahu'Lah) dit dans son tafsir du verset 50 de Sourate Safâat : {ils échangent sur ce qu'ils étaient dans la vie d'ici-bas et sur ce qu'ils ont enduré (...) se réjouissant d'un bien grandiose (...) et de nombreuses choses que nul œil n'a pu apercevoir...}

Fais donc tes provisions et patiente, le voyage est court et la destination est merveilleuse.

{Chaque petit pas raté, fera partie de ta grande réussite à la fin.}

Qui d'entre-nous n'a jamais trébuché dans ses projets et vit une vie parfaite depuis qu'il a ouvert les yeux sur ce monde ? Qui d'entre-nous osera dire qu'il n'a jamais eu à surmonter une montagne de petits obstacles et parfois sans même qu'il s'en rende compte ? Personne. Et c'est bien pour une raison : cette vie ne sera jamais parfaite et c'est à toi de la compléter par ta satisfaction et par tous ces pas que tu vas entreprendre pour chercher la réussite, autant de fois qu'il le faudra.

Il y a tant d'histoires de personnes qui ont raté leur premier pas dans leurs études, en se retrouvant dos au mur, mais qui ont tout fait pour recommencer et se réorienter en ayant en tête qu'Allah ne leur a fermé une porte que pour leur en ouvrir une bien meilleure.

Ne désespère jamais des moments d'échecs et ne perds jamais cette étincelle d'espoir dans les moments de chagrin car Allah ne cesse de porter secours à Ses serviteurs, surtout dans ces moments où ils croient que c'est résolument terminé. N'as-tu pas vu ce qu'Allah dit dans le Coran : {Quand les messagers faillirent perdre espoir (et que leurs adeptes) eurent pensé qu'ils étaient dupés}, voici donc la réponse d'Allah : {...voilà que vint à eux Notre secours} 12:110.

Et pour te donner les meilleurs outils pour parvenir à rebondir après un petit râté, on te dit : habitue ton âme au tawakûl et à l'acceptation de ce que tu vis car tu es une personne qui croit au destin qu'il soit bon ou mauvais. Et ne laisse rien te faire perdre confiance en toi car tu mérites tout le bien du monde et ton coeur sincère te vaut une belle place auprès d'Allah. Prends le temps de lire les histoires des Prophètes et des vertueux, qu'Allah a secourus et élevés pour te montrer les signes de Sa Puissance. Et sache que désespérer et céder aux petits échecs ne t'avancera sûrement pas et ne fera qu'élargir l'espace de chagrin dans ton cœur, alors que tu vaux bien mieux et que ta valeur est si chère (surtout pour nous).

{Aie toujours le contrôle de ton cœur et protège-le de ce qui peut atteindre ta foi !}

Chaque cœur doit être soigneusement gardé et protégé de ce qui peut le détacher de la foi. Il n'y a rien de plus indispensable pour ton bien-être que le fait de contrôler ce qui entre dans ton cœur et de l'occuper par ce qui est utile, comme disait Ibn Mas'ûd (RA) : {Ces cœurs sont certes, des récipients. Alors occupez-les par le Coran et ne les occupez pas par autres choses[8]}.

Si cet aspect de maîtrise de soi est si important, c'est parce qu'il atteint ta foi et ta pratique quotidienne et peut causer des conséquences de déchirements et d'addictions dont tu te passerais bien volontiers! Un cœur rempli de futilités, de mauvais caractère et loin de toutes habitudes religieuses basiques mais indispensables, finira toujours par subir son laxisme et tomber dans des baisses de foi régulières.

On doit rester ferme face aux multiples tentations qui peuvent croiser notre chemin et être vigilants à l'insouciance de notre cœur au fil du temps. On se doit de porter ce regard objectif et régulier sur l'état de notre cœur sans nous mentir et sans nous inventer des excuses. Plus nous serons francs et sincères avec nous-mêmes, plus nous serons efficaces dans nos solutions.

Puis, quand tu te rappelles du hadith où le Prophète (que la Prière et le Salut d'Allah soient sur lui) dit : {Allah exalté ne regarde ni vos corps ni vos apparences, mais Il regarde vos cœurs et vos actions9}, tu te souviens que le premier endroit qu'Allah voit en nous est notre cœur, alors ne devons-nous pas l'orner, le décorer et le remplir par ce qu'Il aime ? Ce cœur ne mérite t-il pas d'être habitué à Ses paroles et Ses évocations ? Ne devrait-il pas porter un grandiose amour pour tout ce qui est bon, doux, et bienveillant ?

Ton cœur porte ton image et ta sincérité, il est cet endroit si précieux que tu ne dois jamais négliger et sûrement pas l'ouvrir à tout ce qui prétend lui être utile. Il y a tant de choses que le sheytane aimerait y installer pour le corrompre, mais il te trouvera sans doute bien ferme et bien éveillé insha'Allah

{Ne te lasse jamais de patienter}

Depuis qu'on a créé Layal, on n'a cessé de t'écrire et on a toujours eu cette peur que tu te lasses de patienter et d'attendre un lendemain meilleur, te disant «pourquoi autant d'espoir pour si peu de résultats». On a toujours eu peur que tu baisses les bras dans tes études ou que tu ne fasses plus aucun effort dans ton travail, et on craignait toujours ce moment où tu basculerais parmi ceux qui disent : «il n'y a aucune issue à l'horizon de toute façon». Ne te lasse jamais de patienter et d'endurer chaque étape, Allah connaît la profondeur de ton inquiétude et y a prévu la plus adéquate des réponses. Ne te lasse jamais de supporter le mal des uns et des autres malgré ta gentillesse et ta bienveillance, c'est ainsi que les Prophètes ont été éprouvés et c'est ainsi que sera le cours de la vie jusqu'à la fin des temps. Alors ne sois pas étonné que ceux qui donnent de leur sincérité goûtent parfois à la déception.

Ne perds pas de vue ce que tu es, et garde ta bienfaisance dans toutes les épreuves car c'est ainsi qu'Allah aime Ses serviteurs. Ne te tourne pas vers les dires des gens car il y aura toujours une minorité qui te critiquera et qui t'enviera. Tu dois patienter et endurer leurs paroles en te rappelant que les plus vertueux réagissaient ainsi. Endurer est la qualité de ceux qui recevront la récompense d'Allah sans compter et qui entreront par l'une des meilleures portes du Paradis : la porte de la patience {«Paix sur vous, pour ce que vous avez enduré!» - Comme est bonne votre demeure finale!»} 13:24.

La période est certes difficile et seul Allah sait ce que tu vis ou ce que tu as vécu auparavant, mais sache une chose : si tu endures longuement et fermement en multipliant les invocations et les prosternations, et si tu patientes face aux épreuves qui s'accumulent sur toi et qui t'indiquent une obscurité sans «fin», sache qu'Allah te prépare de Ses merveilles ce qui fait frissonner la peau d'étonnement, fait couler les larmes de joie et soulage les cœurs et les esprits. Yaaqub alayhi salam a attendu tellement longtemps et a perdu ses yeux de chagrin mais il a patienté et ne s'en est jamais lassé, alors son moment de joie a fini par arriver et il a retrouvé Yusuf alayhi salam dans l'une des plus belles histoires du Coran.

{Et supporte patiemment la décision de ton Seigneur. Car en vérité, tu es sous Nos yeux. Et célèbre la gloire de ton Seigneur quand tu te lèves} 52:48, quel beau verset et quelles belles paroles d'Allah adressées à son Prophète, quand Il lui a rappelé que ce qui le touche n'est d'autre que La décision d'Allah et qu'en vérité il est toujours sous Ses yeux. Imagine-toi parmi ceux qui sont sous les Yeux d'Allah, c'est à dire sous Sa protection et dans Son amour. Imagine-toi parmi ceux qui ont longtemps enterré leur colère, préservé leurs liens familiaux, invoqué et imploré le Créateur pour des gens qui leur ont fait du mal. Imagine-toi parmi ceux qui ont subi des injustices et trahisons mais qui ont pardonné dans leur fort intérieur et n'ont gardé la moindre rancune, cherchant ainsi la Satisfaction d'Allah. Imagine-toi donc parmi les bien-aimés d'Allah {Et Allah aime les endurants.} 3:146.

Il y a donc dans les versets d'Allah et dans les hadiths de Son Prophète, une multitude d'histoires et de signes pour ceux qui méditent et se souviennent. Comme l'histoire de cette femme :

{Aṭâ ibn Abî Rabâḥ relate : « 'Abdullah ibn 'Abbâs (qu'Allah l'agrée, lui et son père) m'a dit :

« N'aimerais-tu pas que je te montre une femme du Paradis ?
- Si ! répondis-je.
- Cette femme noire, me dit-il, vint un jour dire au Prophète (sur lui la paix et le salut) : « Il m'arrive de faire des crises et de me découvrir, prie donc Allah pour moi !
- Si tu le souhaites, patiente, et tu auras le Paradis ; et si tu veux, je demande à Allah, Exalté soit-Il, de te guérir.
- Je patiente, dit-elle, mais demande à Allah que j'arrête de me découvrir ! »
Le Prophète (sur lui la paix et le salut) invoqua donc pour elle [10]}

Cette femme était malade, très malade, et quand elle était venue voir le Prophète (que la Prière et le Salut d'Allah soient sur lui), il lui a dit une chose très émouvante qui résume la récompense d'Allah pour ceux qui endurent: patiente, et tu auras le Paradis!

Et c'est ainsi qu'Allah s'adresse à tous ceux qui vivent des situations très difficiles, éprouvées par un quotidien aussi agressif que douloureux ou par un quelconque passage difficile dans leur vie : supportez Sa décision et vivez-la avec satisfaction. Rappelez-vous qu'Allah vous garde et vous aime pour ce que vous faites et n'oubliez jamais de vous rapprocher de Lui en célébrant Sa gloire de jour comme de nuit.

Le chemin de la patience paraît bien long à une période où l'on voit des doutes et des incertitudes nous entourer de toute part. Mais ce chemin sera toujours sûr et bénéfique si tu gardes l'attitude du croyant fort qui ne se lasse jamais, qui se rappelle de la compagnie d'Allah et de Son soutien, et qui pense à ce bout du tunnel où il ne restera que la récompense d'Allah. Tu auras ta fierté personnelle d'avoir accompli de longs sacrifices, et il te restera un grand mérite tout aussi grandiose car Allah ne fait perdre aucune bienfaisance et ne laisse aucune endurance sans récompense.

Souvent, on parle seulement de l'endurance dans les épreuves, mais il y a un type d'endurance qui est encore plus méritant et sur lequel tu as dû sans doute fournir beaucoup d'efforts ces derniers mois : endurer et persévérer dans les adorations quotidiennes et ici on pense à tous ceux qui continuent de lutter dans leurs prières, dans leurs invocations, dans leur pudeur ou dans leur caractère. Ils luttent et endurent sans relâche pour rester sur le chemin d'Allah et dans Sa satisfaction. Ils ne seront jamais oubliés et ce n'est pas parce qu'ils ne sont pas éprouvés par une maladie ou une quelconque catastrophe, qu'ils ne sont pas concernés, au contraire, leur patience au quotidien à préserver tout ce qui les lie à Leur Créateur, leur vaudra une récompense toute aussi sublime.

{Le regard des gens ne définit pas ta valeur, elle est bien connue auprès d'Allah et cela te suffit}

Se préoccuper du regard des gens est la manière la plus simple pour perdre ta confiance en toi. Se focaliser sur leur regard et leur retour injuste vis à vis de ce que tu fais, ce que tu dis ou ce que tu portes, est le chemin le plus court pour perdre ta personnalité. Dans la vie, tu trouveras toujours des gens justes qui te conseilleront avec sagesse et bienveillance, mais tu trouveras très souvent des gens injustes qui se rappellent seulement de tes défauts et de ces moments où tu as failli. Ces gens se rappelleront seulement de ces moments où tu n'as pas pu répondre présent et de ces moments où tes mots ont malheureusement dépassé tes pensées. Et ils oublieront tout ce que tu as pu faire de bon, de bienveillant et de généreux. Le regard des gens peut-être parfois très dur et très injuste, ignorant tout ce que tu as enduré ou subi avant d'arriver là.

Vas-tu donc donner à leur «regard» le pouvoir de t'élever et te rabaisser à leur guise ? Ce n'est absolument pas ce qu'on veut de toi ni pour toi. Le rang élevé est auprès d'Allah et ta valeur la plus juste se trouve dans le regard d'Allah. C'est Lui qui voit ton fort intérieur et qui sait à quel point tu as regretté toutes tes erreurs du passé pendant que ces gens continuent de te les ressortir jour après jour.

Sois avec Allah et fais en sorte de te préoccuper de Son regard sur toi. Quand tu auras corrigé ce qui est juste, Allah te traitera à ta juste valeur et te fera parvenir ce que tu mérites sans se soucier de qui que ce soit. Et dans le Coran, Allah te montre qu'Il peut être de ton côté même si le monde entier venait à t'accuser et te persécuter : {ô vous qui croyez! Ne soyez pas comme ceux qui ont offensé Moïse. Allah l'a déclaré innocent de leurs accusations, car il était honorable auprès d'Allah} 33:69. «Il était honorable auprès d'Allah» et c'est bien ce qui compte, et «Il était honorable auprès d'Allah» alors qu'on l'a tant accusé, persécuté et offensé. Vois-tu donc comment le regard des gens sur toi peut-être aussi injuste et vois-tu comment Allah peut t'aimer et te soutenir sans se soucier de l'injustice des uns et des autres ? C'est bien la justice d'Allah aza wajal, qui dit à Son Prophète Muhammad (que la Prière et le Salut d'Allah soient sur lui) :

{Alors, s'ils se détournent, dis : «Allah me suffit. Il n'y a de divinité que Lui. En Lui je place ma confiance ; et Il est Seigneur du Trône immense»} 9:129.

{Ses nuits réchauffent les cœurs et les couvre de sérénité. Alors ne prive pas ton âme de ce mois du Ramadan}

Tu sais sans doute la valeur de ce mois, et tu sais sans doute tout ce que tu dois entreprendre pendant ce mois-ci donc nous allons t'épargner les grandes lignes et nous allons juste te chuchoter des choses qui nous tiennent à cœur : si Allah te permet de vivre ce mois-ci, cette fois vis-le comme un point de commencement et sache installer ce que tu pourras tenir toute l'année. Mets en place ce qui est compatible avec ton quotidien et fais en sorte d'avancer à ton rythme dans tes adorations. Allah aime ce qui est régulier et aime ce qui est sincère alors s'Il te voit avancer avec tes propres pas vers Lui, ne doute pas une seule seconde qu'Il en fera bien dix vers toi.

Cette fois-ci, prends sur toi et prends le dessus sur tes blocages les plus profonds en pardonnant, dans la mesure du possible, à ceux qui t'ont causé du tord et ne laisse aucune rancune dans ton cœur à leur égard. On sait que c'est plus facile à dire qu'à faire, mais si tu te rappelles la récompense d'Allah et Son regard satisfait sur toi, dans un mois si noble, tout deviendra très facile. Et souviens-toi de ce qu'on dit toujours «Quand on mesure véritablement la valeur de ce pourquoi on se bat, qu'importe l'effort à faire pour l'atteindre».

Cette fois, profite de ces nuits merveilleuses pour rester le front au sol, à demander Son Pardon et te confier à Lui, véritablement, avec des mots sincères et tirées de ce que le Prophète (que la Prière et le Salut d'Allah soient sur lui) nous a appris. Allah sait ce que tu caches mais aime l'entendre et aime te voir prosterné, implorant Son secours et acceptant Son décret qu'il soit bon ou mauvais. Fais de ces prosternations nocturnes ton premier réflexe quand le chagrin t'atteint et quand le doute t'envahit. Parle à Ton Créateur qui t'a toujours accepté quelque soit ton état, quelque soit ton passé et quelque soit la distance que tu aies pu mettre entre toi et Lui. Quand tu iras vers Lui, Il viendra vers toi.

Cette fois-ci, ne te pose plus la question quel jour est la nuit du destin, vis-les toutes sans aucune exception. Si tu fais cet effort pendant ces 10 nuits, le jour de l'Aid rappelle-toi que tu viens d'atteindre la nuit du destin et ses multiples récompenses, et demande à Allah qu'Il accepte tes oeuvres et tes efforts.

{Toutes les luttes intérieures sont difficiles, mais Allah facilitera tes efforts et dissipera la ruse des waswas tôt ou tard}

On sait à quel point cette lutte peut perturber le train de vie de certaines personnes et les atteindre à un point très profond, et c'est même l'une des raisons pour laquelle Layal fut créée : te soutenir face à ces conversations secrètes qui te rongent, qui te tirent vers les mauvais sentiments et souvent, vers les mauvais actes.

Et pour que tu arrives à prendre le dessus sur ces *waswas,* il faut tout d'abord comprendre que c'est une lutte permanente, qui ne peut pas être vaincue une bonne fois pour toutes. Chacun doit vivre avec et la repousser à chaque fois qu'elle revient. C'est donc bien normal que tu sois touché régulièrement par ces mauvaises conversations. Au final, il s'agit bien du rôle du sheytane : nous détourner en nous insufflant les mauvaises ondes.

Dans le Coran, le sheytane a bien décrit ce rôle : {*«Puisque Tu m'as mis en erreur, dit [Satan], je m'assoirai pour eux sur Ton droit chemin, puis je les assaillerai de devant, de derrière, de leur droite et de leur gauche. Et, pour la plupart, Tu ne les trouveras pas reconnaissants.»*} 7:17. Sais-tu pourquoi le sheytane a précisé qu'il assaillerait les croyants «de devant, de derrière, de leur droite et de leur gauche» mais ne viendrait pas au dessus d'eux ? Ibn Abbas (RA) dit : {*le sheytane n'a pas pu dire qu'il viendrait au dessus d'eux, car il a su qu'il n'y a qu'Allah au dessus*[11]} et dans une autre version {*c'est parce qu'il a su, que la Miséricorde d'Allah leur vient, par le dessus*[11]}. Tu as donc compris que le sheytane te viendra toujours de toute part sauf du dessus, car c'est le chemin qui te lie avec Allah alors il ne pourra jamais se mettre entre toi et Lui. Dès lors que tu invoqueras et que tu renforceras ta relation avec Ton Créateur, la ruse du sheytane s'affaiblira et tu pourras plus facilement repousser ces moments de conversations secrètes qui te rongent.

Ne laisse donc pas ce *waswas* entrer dans ton cœur et sois réactif : trouve une réponse concrète à chaque mauvais dire dans ton esprit. Si le sheytane te dit que tu es condamné à l'Enfer à cause de tes actes, dis-lui que tu feras tout ce qui est en ton possible pour les réparer, te repentir et espérer d'une infatigable espérance qu'Allah accepte tes œuvres. Si le sheytane te fait peur par rapport aux dires des gens, dis-lui que tu te préoccupes seulement du regard d'Allah et que s'il le faut, tu accepteras leurs critiques et tu feras bien en sorte de corriger ce qui est vrai et juste. Si le sheytane te démotive et te fait bien peur par rapport au mariage, dis-lui que tu fais les causes, qu'Allah t'écoute à chaque prière et que tu n'as cessé d'invoquer et réaliser des prières de consultation, donc tu n'as aucun doute qu'Allah t'aidera et te facilitera ton propre bonheur un jour ou l'autre. Si le sheytane te fait douter sans relâche sur tes adorations, sois déterminé et ne complique pas les choses : refais tes adorations quand il le faut et avance, ne te tourne pas vers le doute car il te le fera toujours parvenir. Si le sheytane te fait penser à des choses très graves au niveau de ta croyance, dis-lui que ta croyance est ferme et qu'il n'a aucune autorité sur toi, comme Allah l'a bien décrit dans le Coran : {*Sur Mes serviteurs tu n'auras aucune autorité, excepté sur celui qui te suivra parmi les dévoyés*} 15:42, alors tu ne le suivras pas et tu n'iras pas dans son sens, au contraire, tu es de ceux qui sont sous l'autorité d'Allah et Sa protection.

Le sheytane revient toujours et est très patient, alors sache réagir et te détourner de ses pas. Sois fort car {*La ruse du diable est certes faible*} 4:76. Il n'est pas plus fort que toi et il n'arrivera point à t'affaiblir si tu t'accroches à la force de l'évocation, du *tawakûl* et de la fermeté dans tes pas.

C'est la lutte la plus féroce et la plus pérenne, mais tu n'es pas seul car on est tous avec toi et dans le même combat intérieur que le tien. Et on se bat tous chaque jour contre ces petites conversations secrètes qui n'ont qu'un seul objectif : nous démotiver et nous chagriner, et nous pousser vers la déviance et le doute permanent sur tout ce qu'on fait.

Parfois, le sheytane peut-être capable de t'inciter à prier plus tard la prière de l'îcha car c'est une «sûnna», jouant un rôle d'imam, mais en vérité il ne cherche qu'à te démotiver et te la faire oublier en dormant sans la faire. Ses pas sont réfléchis et son souffle est bien long, mais sa ruse restera toujours faible quand le croyant résiste en gardant une volonté ferme et bien déterminée.

Et n'oublie pas ce qu'Allah dit dans le Coran : {*Et quant à ceux qui luttent pour Notre cause, Nous les guiderons certes sur Nos sentiers. Allah est en vérité avec les bienfaisants*} 29:69. Là aussi, et comme on ne cesse de le dire : Allah ne t'a ni oublié ni abandonné et comme Il te voit œuvrer dans cette lutte alors Il remplira Sa promesse et Il te guidera vers Ses sentiers et Son chemin. Il est avec toi dans ta bienfaisance et à travers chaque étape de ta lutte.

Puis, n'oublie pas de te réjouir de ta vie et d'occuper ton temps par ce que tu aimes et ce qui t'est bien utile. Ton temps est bien précieux et plus tu le laisses bien vide de toute tâche utile, plus le sheytane le prendra pour te faire cogiter et te faire sombrer dans des doutes qui sont habituellement une pure évidence. Avant toute étape importante dans ta vie, que ce soit dans tes études, ton travail, ta santé ou autre, fais en sorte de t'occuper par tout ce qui peut te rendre optimiste. Certains choisissent le sport, d'autres choisissent de s'occuper en cuisine et d'autres se baladent et contemplent la nature, le plus important est de ne laisser aucune ombre d'espace vide pour le *waswas* et de ne pas rester cloué dans son lit, à réfléchir et cogiter jusqu'à en devenir très angoissé.

Prends soin de toi de ton état mental en puisant dans ta foi et la force qu'Allah t'a donné. Toutes ces angoisses pèsent et le waswas ne cesse d'y rajouter une couche, mais on tient à ta santé et on ne cessera de te le répéter, pour ne jamais te laisser céder à une quelconque défaite.

{Peut-être qu'aujourd'hui ce n'est pas ton jour, mais Allah te donnera ta part de joie tôt ou tard}

On est parfaitement conscients que ta vie peut-être différente et ta situation, beaucoup plus grave et profonde que ce qu'on peut imaginer, mais si on peut te dire une chose c'est qu'on est tous sur ce même bâteau, en train de résister face à une vie pleine de vagues qui nous élèvent très haut, jusqu'à toucher des sacrés nuages de bonheur, mais qui nous plongent parfois dans une réalité de chagrin très profond.

Mais ce qui nous importe c'est te voir avec une certitude infaillibe: comme tout le monde, tu finiras par atteindre ta part de joie, ta part de réussite, ta part de succès, ta part de délivrance, ta part d'épanouissement et de sérénité. Tu as peut-être mal aujourd'hui, tu as peut-être beaucoup raté, tu as peut-être réessayé pleins de fois sans succès, mais c'est absolument fondamental de garder en tête que tu es sur un chemin d'épreuve où Allah regarde ta réaction face à tous ces évènements, et attend de ta part d'accepter ces moments et de rebondir avec espoir et total tawakûl.

Ce n'est pas parce que tu as échoué aujourd'hui que tu dois arrêter d'essayer. Ce n'est pas parce que tu n'as aucune envie aujourd'hui que tu dois t'interdire de faire un tout petit pas demain. Allah taala aime que le croyant soit fort et reste fort dans la réussite comme dans l'échec, et tu en as de multiples exemples dans le Coran et les hadiths.

Sache-le et lis le avec le coeur : il n'y a pas d'être humain qui est voué à échouer dans tout, tout le temps et partout. Ça n'existe pas. L'échec fait même partie des ingrédients de la réussite et souvent la première marche pour apprendre et découvrir ce qu'on a jamais découvert auparavant.Dans une société qui va très vite, on croit devoir atteindre tous nos objectifs du premier coup, et cela t'enferme dans une bulle pleine de pression qui te chuchote toujours « Tu as 30 ans et tu n'as toujours rien réussi, tu as 24 ans et 0 diplôme, tu as redoublé et tu n'as toujours rien réussi... », et tu trouveras peu de voix te dire qu'il est encore temps de recommencer et d'espérer.

Aujourd'hui ce n'est peut-être pas ton jour, mais Allah te réserve ta part de joie, alors va la chercher par l'effort et l'invocation. Si les autres ont pu atteindre leurs objectifs, toi aussi tu peux les atteindre à condition de ne pas lâcher devant tout obstacle et à la moindre petite voix qui te chuchote tout l'inverse.

(Ton Seigneur ne t’a ni abandonné, ni déteste) 93:3

C'est un texte court mais nécessaire pour te rappeler ce qu'Allah a dit dans Sourate الضحى à Son Prophète صلى الله عليه و سلم : (**Ton Seigneur ne t'a ni abandonné**, ni détesté) 93:3. Ces mots lui ont été dits pour le rassurer et apaiser son coeur qu'Allah تعالى ne délaisse pas Son Serviteur, si proche de Lui et si persévérant sur l'invocation et la confiance absolue en Lui et en Sa Sagesse.

Ce que tu vis parfois comme coupures et absences de bonnes nouvelles et de facilité dans ta vie, peut-être un signe d'une belle arrivée, celle d'un kheyr (un bien) immense qui peut t'atteindre à tout moment.

Tu ne trouveras personne qui soit plus Doux et Aimant envers le croyant, qu'Allah taala. Tu ne trouveras personne qui puisse mieux te consoler et te délivrer de mieux que Lui. On ne sait absolument pas ce que tu fais aujourd'hui pour t'en sortir mais on te recommande une chose : continue sur ton effort, qu'il soit grand ou petit, et ne le lâche pas. Invoque chaque jour qu'Allah t'accorde de Sa Miséricorde et Sa subsistance et donne de ton temps pour te rapprocher de Lui.

Et tu peux te poser la question en disant : mais comment se rapprocher de Lui concrètement ? alors on te dira que la meilleure des manières pour se rapprocher d'Allah est celle de L'adorer, de le Craindre et installer une piété dans tous tes gestes, en te préservant de ce qui provoque Sa colère et en faisant tout ce qui te rapprochera vers Son Amour. Se rapprocher d'Allah c'est réaliser ce qu'Il aime, et Allah taala aime les endurants, les bienfaisants, les croyants forts qui font tout pour ne jamais faiblir face à leur âme ou face au sheytane, ceux qui pardonnent et donnent de leur temps pour consoler et apaiser la douleur des autres, ceux qui offrent de leur argent et dessinent des sourires sur les visages des nécessiteux. Se rapprocher d'Allah au quotidien c'est aussi (et surtout) suivre la sûnna de Son Prophète صلى الله عليه و سلم en prenant soin de soi, de sa famille, de sa femme/son homme, de son travail, de la vie autour de soi et des obligations quotidiennes qui lient le serviteur à Son Créateur.

À partir du moment où tu décides de te rapprocher d'Allah avec une intention saine et sincère, plus rien ne pourra t'atteindre : tu sauras Le remercier dans le bienfait, et patienter et endurer dans l'épreuve. C'est une relation d'Aimant/Bien-Aimé dont l'issue sera infiniment heureuse et pleine de joie, insha'Allah

{Et concourez au pardon de votre Seigneur, et à un Jardin (paradis) large comme les cieux et la terre, préparé pour les pieux, qui dépensent dans l'aisance et dans l'adversité, qui dominent leur rage et pardonnent à autrui - car Allah aime les bienfaisants} 3:133-134

Ce verset est l'un de nos préférés, et comme tu as pu le voir, on a toujours envoyé des messages qui parlent des notions citées dans ce verset pour une raison très simple : notre objectif est de tirer vers les traits de caractère de ceux qu'Allah a appelé «les pieux» dans le Coran. L'Islam n'est pas seulement une question de prières et de jeûne, mais aussi de comportements vertueux qui peuvent faire valoir un rang très élevé.

Vois-tu donc qui sont ces pieux ? Ceux qui dépensent dans l'aisance et dans l'adversité. Imagine-toi donc parmi ceux qui donnent de leur temps, leurs mots et leur argent pour soulager les gens et les faire pleurer de joie. Quelle noble place et quels nobles caractères.

Le verset cite tout autant ceux qui dominent leur rage, enterrent leur colère et se contiennent de répondre et de se venger, à des moments où on attend d'eux la pire réaction possible. Imagine-toi donc parmi ces gens qui prennent sur eux dans des situations difficiles, et repoussent le mal par le bien, par le sourire, par le bon mot et ce, alors qu'ils ont reçu les plus blessantes des paroles. Imagine-toi reproduire ce que le Prophète صلى الله عليه و سلم endurait face à un peuple qui l'insultait et le frappait, mais il répondait en invoquant pour eux et en disant {*Seigneur! Pardonne à mon peuple car ils ne savent pas*[12]}.

Puis Allah évoque dans ce verset une noble valeur qu'on ne cesse de te recommander : pardonner encore et encore, à en avoir le cœur d'un oiseau. Un cœur qui ne cesse de pardonner et s'en remettre à Allah quand l'affliction l'atteint et qui se rappelle à chaque moment qu'Allah lui rendra cette Miséricorde le jour où il en aura bien besoin. Un cœur qui se rappelle qu'il est appelé à concourir vers un Jardin comme les cieux et la terre préparé pour eux. Ils y oublieront ainsi tout ce qu'ils ont dû endurer quand ils ont dû enterrer leur colère, dépenser pour Allah et pardonner sans cesse.

{Vas-tu désespérer de la Miséricorde de Celui qui dit : et Ma Miséricorde embrasse toute chose ?}

Comme tu auras pleuré le départ de tes proches, viendra un jour où ce sera ton tour et tu quitteras ce monde. Alors on demande à Allah que ton coeur soit raffermi sur l'Islam et que tu rencontres Ton Créateur avec une foi saine et un cœur léger. L'examen dure et Seul Allah sait quand est-ce que la copie te sera enlevée, alors prépare toujours les meilleures réponses et sois toujours près du repentir sincère car c'est et ce sera toujours la meilleure issue.

Ne désespère jamais de la Miséricorde d'Allah et de Son Pardon, et rappelle-toi de ce verset qui fait couler des larmes et des larmes : {*Dis: «O Mes serviteurs qui avez commis des excès à votre propre détriment, ne désespérez pas de la miséricorde d'Allah. Car Allah pardonne tous les péchés. Oui, c'est Lui le Pardonneur, le Très Miséricordieux.*} 39:53. Prends un petit temps avec nous, et médite ce verset. Il appelle ceux qui ont commis des excès, oui des excès, et je te laisse imaginer qui rentre dans cet appel Miséricordieux, parmi ceux qui ont commis les pires turpitudes ! Il les appelle par «Ô Mes serviteurs», y a t-il une meilleure beauté que celle de ces mots et une miséricorde plus grande que celle qui réside dans cet appel ? Un appel où Allah interpelle tous ceux qui se renferment sur eux, chagrinés par leurs actes et plongés dans un état de regret, en leur disant «Ne désespérez pas de Ma Miséricorde»... ne désespérez pas de Son Pardon et ne doutez pas de votre place car quelque soit votre passé et vos actes, si vous revenez sincèrement, vous serez les bienvenus dans un Amour immense et une Miséricorde sans égale. Puis, Il donne une réponse à tous ceux qui se sont affaiblis sur certains de leurs péchés et les ont considéré tellement impardonnables. Une réponse qui satisfait leur fort intérieur, soulage leurs doutes et remplit leurs yeux de joie: «Car Allah pardonne **tous** les péchés». Oui, avec le repentir complet et sincère, Allah pardonne tous les péchés, même les plus graves, les plus ancrés, les plus détestables, et Il te les remplace par de bonnes actions et Il te rajoute au dessus d'une grande générosité, un Amour inimaginable de Sa part {*En vérité, Allah aime ceux qui se repentent et ceux qui se purifient*} 2:222.

Tout ce que le sheytane souhaite voir de ta part, c'est que tu visualises tes péchés et que tu en sois affaibli, le moral à terre et le cœur détruit. Chaque jour, nous tombons tous dans des péchés et dans des erreurs mineures ou majeures, mais la colère d'Allah nous réveille et la Miséricorde d'Allah nous émerveille. Alors on prend du temps et on tombe sur un hadith où Allah dit {*Ô fils de Adam! Tant que tu m'invoques et que tu as espoir en Moi je te pardonne ce qu'il y a en toi et n'en tient pas compte. Ô fils de Adam! Si tes péchés atteignent le niveau des cieux puis tu me demandes pardon je te pardonne et n'en tiens pas compte. Ô fils de Adam! Certes si tu viens à moi avec l'équivalent de la terre remplie de péchés mais que tu me rencontres sans m'avoir rien associé alors je te rencontrerais avec autant de pardon*[13]}, puis on médite et on dit : qu'elle est Grande Sa Miséricorde et qu'Il est Grandiose Son Pardon. Si on allait vers Lui avec une quantité de péchés, de longues heures de désobéissances et de longs mois d'insouciance qui toucheraient le niveau des Cieux, en demandant Son Pardon, alors Il nous pardonnerait et n'en tiendrait pas compte. Alors si Allah te pardonne, ne te replonge pas dans tes propres erreurs et n'y pense pas. Ne te laisse pas induire dans un état où tu serais très dur avec ta propre personne. Allah aura vu de toi ce qui te vaudrait Son Amour et Sa satisfaction. Vis ton repentir avec joie et sache qu'Allah est Heureux de ton repentir, comme nous l'a informé le Prophète صلى الله عليه و سلم : {*Allah se réjouit certainement de Son serviteur quand il se repent à Lui plus que ne se réjouit l'un de vous qui était sur sa monture dans une terre désertique. Elle s'échappe tout à coup en emportant sa nourriture et sa boisson. Il désespère de la revoir et s'allonge à l'ombre d'un arbre n'ayant aucun espoir de retrouver sa monture. Cependant qu'il est ainsi, voilà que sa monture se tient debout devant lui. Il la saisit par la bride et s'exclame sous l'effet de la joie : « Ô mon Seigneur ! Tu es mon esclave et je suis Ton seigneur» (commettant ainsi un lapsus)* [14]} Et quelle immense joie...

Mot de fin

Les lettres de Layal prennent fin ici, mais nos messages quotidiens continueront insha'Allah. Nous ferons le maximum pour que tu puisses tenir tes situations les plus complexes, dépasser tes peurs les plus profondes et exploiter ta force que tu oublies parfois. Nos notifications ne sont là que pour remonter ton moral et te permettre de relativiser face aux épreuves du quotidien. Utilise ce livre à chaque moment où tu en ressentiras le besoin et lis-le en te disant qu'on est toujours là pour toi. Il est court pour qu'il soit le plus léger possible pour ton coeur, et qu'il te permette de t'y identifier le plus rapidement possible.

On ne cessera d'écrire à chaque fois qu'on ressentira ce besoin de te parler, et c'est pour cette même raison qu'on a écrit un deuxième livre nommé «A ma première larme», actuellement en vente, et dont l'objectif est tout autre : te donner le moyen de répondre à chaque larme qui tombe...

On te remercie infiniment pour ta lecture et pour l'intérêt que tu as toujours porté envers nous, et on demande à Allah qu'Il nous pardonne pour nos failles et nous guide vers Son chemin.

Tes retours seront toujours les bienvenues alors n'hésite pas à nous parler et revenir vers nous sur notre Twitter ou sur Instagram @layal_app.

Sources

1. *{Thirmidi, 354}*
2. *{Silsila Sahiha, 831}*
3. *{Sahih Targhib, 1650)*
4. *{Muslim, Riyad as-salihin, 27}*
5. *{Silsila Sahiha, 952}*
6. *{Muslim, 34}*
7. *{Al Boukhari dans son Sahih n°6171 et Mouslim dans son Sahih n°2639}*
8. *{Hilyat al Awliyae wa Tabaqât al Asfiyaâ, p130}*
9. *{Muslim, Riyad as-salihin, 7}*
10. *{Sahih al Boukhari 5652}*
11. *{Tafsir Tabary - Sourate 7, verset 17}*
12. *{Sahih al Boukhari, 3477}*
13. *{At-Tirmidhi 3540}*
14. *{Muslim, 2747}*